Wolfgang Amadeus chorava porque queria um xilofone, mas o pai não queria lhe dar.
– Que bobagem! É um instrumento muito simples para você, que toca outros mais difíceis e já é compositor.

— O papai tem razão, Wolferl. Somos crianças muito talentosas. Um dia, você também será um adulto muito talentoso e vai compor uma música maravilhosa no piano.

— E, como toca muito bem, tenho certeza de que ainda vai escrever partituras para violino. Você vai ver!

– Você será o rei da música,
e seu cetro, uma flauta mágica!

— Também poderei ser um herói, Nannerl?
— Claro que sim! O invencível General da Escala Musical, segurando um clarinete!

Eu serei a rainha de um país distante, que a sua música salvará de um terrível feitiço, e eu tornarei você um Cavaleiro da Ordem do Oboé.

— Os melhores músicos do mundo terão você como mestre e entregarão o maior tesouro aos seus cuidados: a Grande Trompa de Ouro!

— Os bebês pararão de chorar, e os casais se olharão apaixonadamente quando você estiver tocando harpa.
— Não, por favor! Eca! Nada de beijos e abraços!

— Quando for mais velho, você vai gostar de beijos, irmãozinho... e conhecerá alguém de quem vai gostar mais do que da sua viola de arco.

— Isso é impossível!

– Nada é impossível! Nem as notas que serão cantadas nas suas óperas, por mais difíceis que sejam. Você será um gênio e fará o que quiser com a música!

— Nannerl, se você estiver certa e eu for um gênio da música, o que eu mais vou gostar de fazer será tocar um xilofone com a mesma paixão de uma criança.

Vamos relembrar os nomes dos instrumentos musicais?

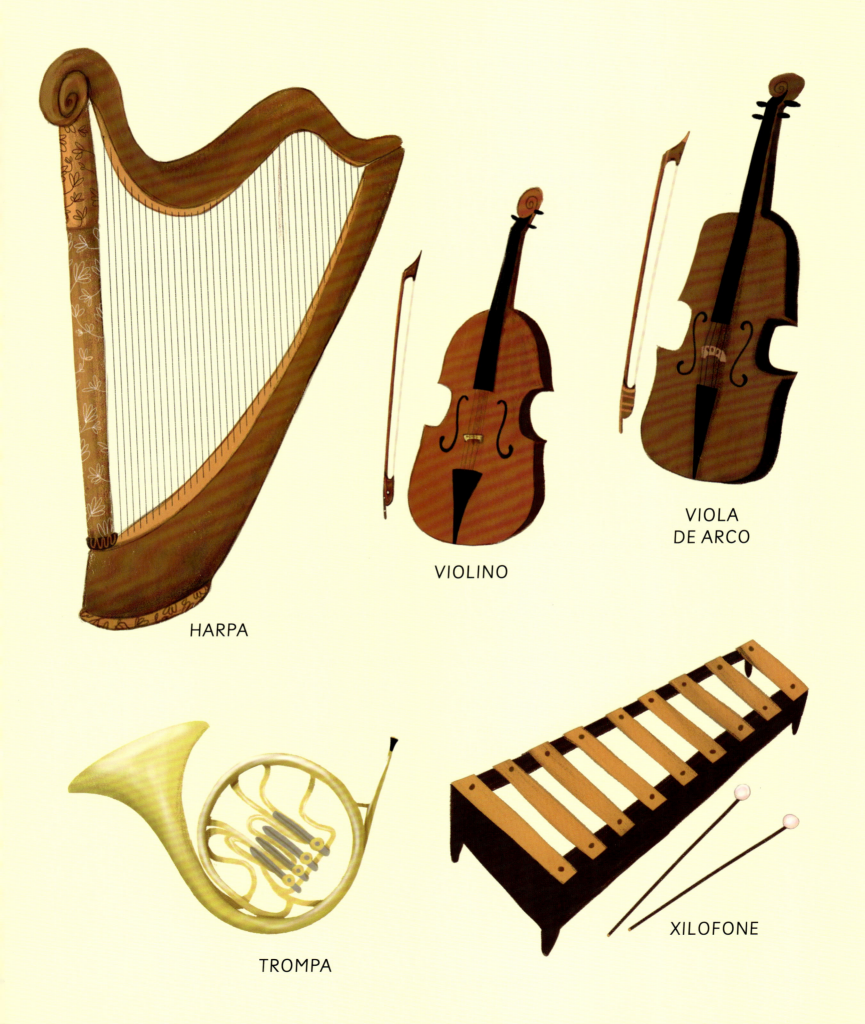

Piano: MOZART, Wolfgang Amadeus. Sonata para piano nº 11 em lá maior, K. 331, III. Rondo alla turca: Allegretto. In: *The Naxos Mozart Album*, Naxos (Nº 8.578126), faixa 6, 00'00" a 00'14".

Violino: _____. Sonata para violino nº 5 em lá maior, K. 219, I. Allegro aperto. In: *The Naxos Mozart Album*, Naxos (Nº 8.578126), faixa 7, 09'40" a 09'55".

Flauta transversal: _____. Concerto para flauta nº 1 em sol maior, K. 313, I. Allegro maestoso. In: *Flute Concertos Nºˢ 1 and 2*, Naxos (Nº 8.571048), faixa 1, 08'00" a 08'12".

Clarinete: _____. Concerto para clarinete em lá maior, K. 622, II. Adagio. In: *Clarinet Concerto in A Major / Bassoon Concerto in B-Flat Major*, Naxos (Nº 8.571047), faixa 2, 00'01" a 00'16".

Oboé: _____. Quarteto com oboé em fá maior, K. 370, II. Adagio. In: *Oboe Quartet, K. 370 / Oboe Quintet, K. 406A*, Naxos (Nº 8.555913), faixa 2, 00'59" a 01'14".

Fagote: _____. Concerto para fagote em si bemol maior, K. 191, I. Allegro. In: *Clarinet Concerto in A Major / Bassoon Concerto in B-Flat Major*, Naxos (Nº 8.571047), faixa 4, 05'39" a 05'54".

Trompa: _____. Concerto para trompa nº 3 em mi bemol maior, K. 447, II. Romance: Larghetto. In: *Horn Concertos Nºˢ 1-4*, Naxos (Nº 8.570419), faixa 7, 00'01" a 00'13".

Harpa: _____. Concerto para flauta e harpa em dó maior, K. 299, II. Andantino. In: *Flute Concertos Nºˢ 1 and 2 / Concerto for Flute and Harp*, Naxos (Nº 8.557011), faixa 5, 02'56" a 03'08".

Viola de arco: _____. Sinfonia concertante em mi bemol maior, K. 364, I. Allegro maestoso. In: *Violin Concerto Nº 4, K. 218 / Sinfonia Concertante K. 364 for Violin and Viola*, Naxos (Nº 8.550332), faixa 4, 03'53" a 04'02".

Voz: _____. A flauta mágica, ato II, nº 14: Ária - Der Holle Rache kocht in meinem Herzen. In: *Die Zauberflöte* (Highlights), Naxos (Nº 8.553438), faixa 13, 00'41" a 00'53".

Xilofone: _____. A flauta mágica, ato I: Andante - Schnelle Fusse, rascher Mut. In: *Die Zauberflöte*, Naxos (Nº 8.660030-31), faixa 17, CD 1, 01'39" a 01'49".